洋桔梗的親情

戴麗珠著

文史哲詩叢

文史哲出版社印行

第二本新詩集的序

由於心靈的寧馨與明淨，「晨起所見」新詩集出版後在短短的不到四個月內，我又完成了我的第二部詩集，可以說，我的靈感是「苟日新、日日新、又日新。」我這麼快的計劃出版我的新詩，不是為名，不是為利，只是為了達成我創作的理念，我喜歡蘇東坡的寫作方式：「大略如行雲流水，初無定質，但常行于所當行，常止于所不可不止，文理自然、姿態橫生。」

我以一種近乎自白的方式寫作，這有人說太白了，我回答：「是不是不夠含蓄。」含蓄是中國傳統文學的一種美感，我個人也極其欣賞，但是，為了含蓄而咬文嚼字，絞盡腦汁，這是我極力反對的，創作是一種快樂，是一種心靈的抒發，是一種解脫。常常我在寫完作品後，感覺是非常愉快的，一再回味，一再重讀也不覺可厭、這就是我的美感經驗。

第二集裡，有我的心路歷程，我不想成為名人、但我想完成我活在這個世界上的志業。所以，我坦白地表達了我自己，我不要人贊同，也不要人喝采，我只想告訴我自己，我在做什麼？讓我往後的人生，走得更紮實，更穩健。當然有知交最好，沒有，也要勇敢奮鬥。

我還是想自費出版，希望文史哲的老板彭先生願意再為我出書，這樣我的作品就可以早日問世。因為我依然不斷在寫作，不斷在創作，出版本身就是一種成果，心理自然喜悅，也願意有機會讀到我的書的讀者，同享我的喜悅。

二〇〇五、九、十一、戴麗珠晨書於居之安齋

洋桔梗的親情新詩集　目　錄

洋桔梗的親情

祝新詩集——晨起所見付梓

1.

天在笑，
地在笑，
樹在笑，
我在微笑，
像早春初生的嫩芽，希望它茁壯成長。
選在初夏付梓，是一件美好的事情，
盛夏的樹木，蓊鬱、茁壯。

2.

風在笑，

鳥在笑，
水在笑，
我在微笑，
月兒在笑，
太陽也在笑，
讓我們舉杯為新詩集付梓祝賀。

二〇〇五、五、二晨作於居之安齋

大自然

天地宇宙海洋山川花草樹木都是大自然，
自然是廣袤無垠、充滿生機的，
歷史告訴我們，當天下混亂，民不聊生的時代，
智慧的人就會將自己託身於大自然。
因為自然默默無言，四時照常運行，
如果自然起了變化，那就是天災人禍。
一株梧桐由初生到茁壯到衰敗，
給人人生無常的啓示，
自然是萬古不變的，但人是滄海中之一粟。
人的脆弱和渺小，如果加上私心重、勾心鬥角，
人如何能安寧？社會如何能安和樂利？
古人將自己寄情山水田園，為的就是不要與人鬥爭。

追求人生的曠達閑適。
哲學家講天、講地，講山、講水，藝術家畫山水田園以自娱，
文人將情寄託於大自然上。
李白說相看兩不厭，只有敬亭山。
辛棄疾說我看青山多嫵媚，料青山看我亦如是。
王維說江流天地外，山色有無中。
陶淵明說採菊東籬下，悠然見南山，此中有真意，欲辨已忘
言。
自然開闊人狹隘的心胸，使人由渺小而變得偉大。
中國文化所以能綿亙五千年，造就無數的詩人畫家，
就在中國把人與自然和合為一，
天地與我並生，萬物與我合一。
拘限在小小自我的人啊！拋開私心，像天一樣廣闊無垠，
像地一樣慈愛，像海洋一樣豐盛。
寄情自然，自然心曠神怡，無憂無慮，歡樂無比。

二〇〇五、五、三晨作於居之安齋

託情自然

大自然廣袤無垠，天地、宇宙、山川、海洋。
中國人一向將自我懷抱寄情自然，
陶淵明採菊東籬下，悠然見南山，
此中有真意，欲辨已忘言。
王維江流天地外，山色有無中。
人與天地山川和合而為一。
他的桃紅復含春雨，柳綠更帶春煙，花落家僮未掃，鶯啼山客猶眠，
更是一幅詩中有畫的高士圖。
李白倦遊了，說獨坐敬亭山，
相看兩不厭，只有敬亭山。
杜甫更是雄邁！會當臨絕頂，一覽衆山小。

辛棄疾也說我看青山多嫵媚，料青山看我亦如是。
莊子說天地與我並生萬物與我合一。
人與天地是和諧而融洽的，
中國文人將胸襟、懷抱、思想、感情寄託自然，
由大自然的遼闊，廣大，包容無限，
表現文人的情懷。
現代人比古人更多了一層接近自然的機會，
悠游海底，人像魚，可以在海中漫遊，
看美麗的珊瑚礁，大大小小，成群的魚兒，水中生物。
宇宙多無限！多奇妙！
陶淵明說久在樊籠裏，復得返自然。
讓我們像空中的鳥兒，
自由自在飛翔在宇宙天地之中，
寄情自然吧！

二〇〇五、五、六晨作於居之安齋

散步所見

天氣熱了，急匆匆地出外散步，怕暑熱。
還好空氣很清新涼爽。
遇到一對母子在漫步，
父慈母愛的天倫之樂，現今很少人注重。
只有孩子還需要照顧。
大學生還能體會家庭溫暖的重要，
當教授的能體諒學生的需要——愛，
我們就要勇於付出，
去指導他們如何治學、如何做人，
當然我們也要知道如何保護自己。
不被青年人所欺瞞、污辱。
教育工作是神聖而尊嚴的，

不管現今社會多麼混亂、道德多麼淪喪，
我依然敬愛我的師長，緬懷他們給我的啓示。
三隻大雁懶洋洋的縮著頭立在湖中的枯木上，
點綴宇宙大地，
鴛鴦和野鴨悠游湖心，
劃破宇宙的寧靜。
魚兒在小池塘自在地游來游去。
一隻白鷺絲站立池邊，我仔細觀察，
它有紅的眼精黑的啄，黑的雙腳，紅的蹼爪，一身雪白，切是
美麗。
白天鵝成群在岸上休憩，綠草如茵。
大大小小的鳥兒在天空中飛翔，
與噴泉、碧綠的湖水呼應，
唰一聲，白鷺絲展翅而飛，倏忽落地。
蘇東坡說清景一失後難摹，
創作在補捉靈感，確實是至理名言。

一隻大雁停在大石頭上，
是八大山人的圖畫，
這是我清晨散步所見。

二〇〇五、五、七清晨作於居之安齋

音樂

大自然的音樂有鳥叫、蟲鳴、蟬聲四唱。
台灣四季長春，每天都可以聽到鳥叫蟲鳴。
我最喜歡的音樂有很多，
莫札特的費加洛婚禮，
詼諧諷刺，
魔笛清新歡快，
史特勞斯的圓舞曲，
華麗優美，
舒伯特的樂曲抒情寧馨，
還有巴哈、貝多芬、蕭邦等的奏鳴曲、協奏曲，都令人賞心悅目。
國樂我也很喜愛，

古琴沈鬱、琵琶高亢，古箏華麗，
還有二胡和笛子鏗鏘動人。
將音樂和繪畫連在一起的是畫家李可染，
他畫的水墨山水牧笛，
表現牧童的純真，人與自然的融洽。
彈鋼琴是一件快樂的事，
不是要學音樂家，只是隨手彈奏幾個簡單的音符，
那反覆簡潔的曲調就帶給你心靈上無名的喜悅。
音樂不但可以聽還可以唱，
隨口唱幾曲年輕時唱的曲子，
心中就無限暢快。
我有很多事忙，不像時下的年青人迷校園民歌，迷搖滾樂，
我買費玉清和蔡琴的老歌，
希望能增添幾首可以吟唱的歌曲。
音樂可以聽，可以唱，
帶給人心曠神怡、輕快愉悅，閒靜優雅。

每天漫步，聽聽大自然的悅音，
夏天還沒到，否則蟬聲四起，一片熱熱鬧鬧。

二〇〇五、五、八晨作於居之安齋

享受生命

宇宙萬物生命生生不息，
不論海底的浮蝣生物、花草樹木、飛禽走獸，
都有強韌的生命力。
人是萬物之靈，
更應該享受生命、豐盛生命。
母親十月懷胎到嬰兒呱呱落地，
人一生的生命就展開。
不管是歷劫或是還債，
我們都要懂得珍惜生命、享受生命。
陶淵明不為五斗米折腰，隱逸田園，
為的是完成自我的生命。
李白扙劍求仕、浪跡江湖，

為的是完成自我的抱負。
杜甫因為安史之亂顛沛流離，
寫下千古的詩篇，
為的是完成自我經世愛民的生命使命。
蘇東坡坎坷一生，流落海南島，
但是還吟唱著九死蠻荒吾不恨，茲遊奇絕冠平生，
為的是完成它儒釋道合一於自我的生命。
因為他能有也無風雨也無晴的胸懷，
所以他能享受一生生命的喜樂，
完成自我、享受生命的樂趣。
不管是遊日月潭、走一趟埔里、到阿里山，
不管是出外聽一齣戲、看一場芭蕾，
或是在家聽曲音樂、看看電視、做做家事，
或出外買菜、逛街、洗頭，
雖然是生活瑣事，
但是我們在享受生命。

生命在自我的完成，由小到老，生活就是喜悅，
享受生命、豐盛生命，
你或妳，懂嗎？

二〇〇五、五、八年前寫於居之安齋

雨後

夏風知道我有漫步的行程，
就將屋簷間淅瀝淅瀝的雨聲吹斷。
雨霽天晴，
天空一片湛藍，
遠山深翠有雪白的浮雲相間。
瀑布格外起勁，
吹拂得湖水一片明淨，湖水與長空，天水一色。
白鷺絲、鴛鴦、雁子、白天鵝、黑頭紅番鴨漫步草坪，
碧草也因為一夜宿雨的滋潤顯得格外豐厚，生意盎然。
一夜間，樹木的黃花都開了，花團錦簇，黃綠對映，
煞是好看。
斑鳩停立電線桿上洗刷經雨的羽毛，

麻雀低迴高飛，不斷鳴叫啁啾，
白天鵝悠遊在水面，
宇宙天地一片遼闊清新。
花木潔淨，屋宇大廈也潔淨。
遠山更是一片深碧清翠，
雨後的清晨是愉悅的、充滿希望的，
嶄新一天的開始。

二〇〇五、五、九晨作於居之安齋

意外

人生有時候會遇到想不到的事情，
那就是意外。
意外有令人歡欣的事，有悲劇，
如果你遇到令你想不到的哀慟或傷害，
你不能畏懼、退縮，
哀慟的事，悲傷是免不了的，
但是，天無絕人之路，柳暗花明又一村，
哀慟過後，依然是一個嶄新的人生。
傷害是最令人椎心的傷痕，
永遠洗刷不掉，
尤其是不斷的欺騙和傷害，
令人髮指，

但是，我還是以平靜的心來處理。
冷靜是第一個首要條件，
不要因為對方的冷酷與之爭鬥，
那是有害尊嚴與自己無補的，
理性的處理，使自己受到最小的傷害，
讓對方想像不到，這才是個智者。
你會帶著傷害面對群體，
但是一笑置之，表示你真的不在乎，承受得住，
勇敢的面對傷害、處理傷害，
是個人智慧的大考驗。
人生在世遇到的意外是免不了的，
這時我們就要勇敢、理性、有智慧，
不要遺憾、不要悲傷，這是人生必經之路，
但對智者，傷害永遠無法造成，
我們依然豁達、自立、快樂的過我們的人生。
有形的傷害，時間可以讓它平復，

無形的傷害，對智者那就是完全無用。
你或妳懂嗎？

二〇〇五、五、九晨作於居之安齋

晨雨

晨起，拉開窗廉，窗外傾盆大雨，
出外散步是不可能了，
我坐在鋼琴椅上，靜靜的望向遠天。
近處的大廈、房舍沉默無語，
天是遼闊的，但一片灰濛濛，
這方的大廈，視野顯得模糊，
空氣彷佛罩著一層霧，是水氣。
迷濛的天空，飛來兩隻雁子，由近而遠，直至消逝得無影無蹤，
這使我深刻的體會到李白的獨坐敬亭山，
眾鳥高飛盡，孤雲獨去閑，相看兩不厭，只有敬亭山。
我坐在椅上，遠眺遠方蓊翳的樹叢，一片深翠，

真的是相看兩不厭。
為不使室內太寂寥，我放了一曲二胡協奏，
名曲是二泉映月，但樂音飄浮在空氣中，
時而高亢，時而低沉，有泉聲，有間歇的快節奏，
音樂美化了空間，使單調的臥室，
有活潑的動感，
我靜靜的享受室內的溫馨悅音。
晨雨依然下個不停，
天雖然灰濛濛但是令人心胸開闊，
綠樹也帶給人一片靜默的生氣，
晨雨，
使我享受了室內的溫馨與平靜。
人一生勞勞碌碌，什麼時候還有空暇，
靜靜的坐下來看遠天綠樹聆賞音樂，
真是一天快樂的開始！

二〇〇五、五、十晨作於居之安齋

晴

雨後的晴是令人格外喜悅的。
清朗的日子，我們可以踏青，可以散步。
山嶺上晴朗的雲朵像披著一頂雪白的棉帽，
樹尖兒上頭掛著圓圓的銅盤一樣的太陽，
石櫻花含笑開放伴著短短的矮牆，
湖邊的垂柳輕輕搖曳，湖水一片清澈。
漫步湖外，看到一方碧草如茵的草坪，
對角線上種著兩株繁花盛放，花枝千枝萬縷的垂著紫紅的九重
葛，
煞是美麗，為晴空帶來喜意。
湖中新添了一座噴泉，小小的像水盆，
大小相對在晴空中相呼應，使暑熱頓消。

滑稽的是放了兩條塑膠船，
破壞了大自然的美觀。
倒使我想起了江南的舴艋舟，
那是極美的，
可是李清照卻説載不動她心中許多的愁緒。
我倒想小舟從此逝，江海寄餘生。
風晴雨露最能表現竹的美感，
而晴竹更是令人可愛，
晴空下，萬物顯得生機勃勃，
晴天真好！

二〇〇五、五、十一晨作於居之安齋

人品

人品指人的思想、感情、性情，
古代的中國一向重視人格修養，
有好的人格，才能受尊重，受人瞻仰。
李白為了理想去長安，但是不向權貴低頭，
他傲岸的風骨與詩篇同受推尊。
屈原愛國寧死被放逐也不改變對楚王的忠心，
寫下令人動容的詩篇，永垂不朽。
因為有他們高尚的品格表現，
宋代以後的讀書人才會標榜高清的人品。
提倡清新天工的美感觀念。
畫家也重視人品，畫要有士氣，要有書卷氣，
南宋的鄭所南畫無根蘭，不做異族的臣民，

松、竹、梅稱為歲寒三友，
梅、蘭、竹、菊稱為四君子。
岳飛的滿江紅唱出古道照顏色，
文天祥吟唱讀聖賢書，所為何事？
中國讀書人講究氣節人品，造成中國文化獨一無二的特色。
西方的古代國君，可以有許多情婦，現代的總統緋聞不斷，依然不受影響地往來世界各地，
現代的西方講究科技、講究競爭，他們不重視人品，為了競爭可以無所不用其極，
如果中國也學西方的不重視人品，
那麼世界四大古文明唯一存在現代的中國，也就會如同印度，名存實亡。
西方也有一個優點是中國人要學習的，那就是在競爭之後他們失敗的一方可以向勝利者慶賀，共同合作，共同治國。
現代的中國是否能容納異己，我不知道，
但台灣的政客們是沒有西方的這一個優點與這一份雅量的。

要突出個人的自我風格，每個人要有自己的人品，
也就是才情、風範，
否則教育，讀書，做人，又還有什麼價值趣味？

二〇〇五、五、十二晨作於居之安齋

微雨，漫步綠園道

天是那樣陰霾，
但遮不住我明淨朗暢的心。
微雨，漫步綠園道，
宇宙長空依然遼闊，
大地受雨水的滋潤，格外豐厚翠綠，
草邊也長出三朵胖胖雪白的野菇。
雙雁由近而遠振翅飛向遠天，
劃破大地的沉寂。
鳥聲稀疏的鳴叫啁啾，
心是一片心曠神怡。

2

微雨，漫步綠園道，
也有行人匆匆，
蓊翳清翠的樹，樹葉片片帶著雨珠，
雨阻不斷你的心思，
漫步綠園道，微雨，
雨傘不小心碰上低枝，雨水撒落一身，
暢快，涼爽，
徜徉草木樹林，叢雨中，
心曠神怡。

3

微雨，漫步綠園道，
遠天已露出一片曙光，
有透亮的雲朵點綴藍天，

那遠遠的天之一角，
在陰霾的天空中，
帶給人希望，
因此，我們可以期待，
風霽雨停，明媚的長空！

二〇〇五、五、十三晨作於居之安齋

斗室小坐

獨坐斗室為的是忙碌後的休憩，
冷氣輕輕的吹，把工作後的暑熱消除，
音樂輕輕的流洩平靜忙碌的心靈。
天一片蔚藍，
我喜愛眺望長空，
因為它是那樣廣袤無垠遼闊。
我喜歡聽小鳥鳴叫，看他們上下飛翔，
因為他們是那樣快樂，自由自在。
清晨斗室外蔥鬱的樹林，
博朗寧的黃色垂枝，開花了，
只有稀疏幾枝預報夏天來到。
鳳凰樹也開滿整片紅色的鳳凰花，

還有不知名的紫色樹花花團錦簇。
想像噴泉四射，湖水碧綠，白天鵝黑天鵝悠游水面，
垂柳拂岸，雁子築巢樹端，
心自然就舒暢開朗。
夜的斗室外，依然樹叢蓊翳，
遠天是一片燈火輝煌，一家家回來團聚，
溫馨。
街燈閃爍光亮，車水馬龍，
大大小小的燈光遠遠近近點綴了宇宙長空。
黃昏時斗室小坐，晚霞滿天，落日餘暉，
天極美，雲霞極美，
有天有地，生活自然有樂趣，
斗室小坐，心胸開闊。
自注：博朗寧是音譯，是樹名。

二〇〇五、五、十四晨作於居之安齋

北港行（桔梗花之旅）——訪阿盆

有四十年沒相見的堂姐送我一束粉紅色的桔梗花，
興起了我訪鄉探望她的興緻。
車經高速公路，一旁有白色的紙包裹著的黃金色枇杷，
想像枇杷的耀眼多滋，無限垂涎。
南台灣的田野，藍天、白雲、水田一望無垠，稻浪隨風搖曳，
只有二個字：美極！
我此刻才了解為什麼叫福爾摩沙——寶島，
這是一塊翠碧的海上璧玉。
車過溪床，濁水濤濤，
沙州只有纍纍未成熟的小西瓜，晶瑩碧綠，瓜田入眼，頓覺可
愛喜悅，
車經員林，除了葡萄園、果樹，還有花圃，
一畦畦的水田，一架架的葡萄樹，是田園耕耘的時刻。

有黃色的絲瓜花，繽紛的花園，綠色的樹林，
在這裡沒有污染，空氣一片清新。
車到北港阿盆夫婦來接我，
南台灣幾乎已卅多年沒有回來過，
幾乎完全變了，我不認識故鄉，但故鄉田野的山水勾起我許多
小時候的回憶，是歡快的。
一生中第二次乘坐摩托車，緊抱阿盆，風馳電掣，水蓮雪白，
桔梗花田花海一片。
有紅的、黃的、蘋果綠、綵藍、粉紅，藍白相間的，還有象牙
白，到純藍的，真是繽紛清絕，
煞是美麗，與花為伍真是幸福。
還有白底紫色斑點的白紫斑，徜徉其中，
真是太棒了，不禁雀躍，
為了桔梗花，我來訪鄉、訪堂哥、訪堂姐，訪阿盆，
田野生活給人無限的清純遼闊！

二〇〇五、五、十四夜作於居之安齋

陣雨

初夏的梅雨季，在風軟青空下，突然下起大雨，
雨天的遠天和叢林一片迷濛，增加了空氣中的層次感，雨天的
景色也是奇妙的。
為了訪鄉，我帶著雨具訪南台灣的堂兄弟、堂姐，
是天公做美，是陣雨有情，
天朗氣清。
南台灣的鄉野，水田片片，一片碧綠，木瓜熟了，
水蓮開了，桔梗花依然搖曳多姿。
堂姊一口咬定她是鄉下人，但熱情洋溢，
堂姊夫是個體貼的好丈夫，我看堂姐被他照顧得好幸福，
笑說：你娶到一個好太太，他樂得笑哈哈，堂姐說：我嫁到了
一個好丈夫。

人生的際遇未嘗不像夏天的陣雨，
一會兒大雨滂沱，一會兒淅淅瀝瀝，一會兒風霽雨停，
我們是真的要學蘇東坡，
不怕穿林打葉聲，大雨何懼？
何妨吟嘯且徐行，訪鄉依舊。
回頭來看看人生中我們走過的旅程，
對我們來說，真的是要有也無風雨也無晴的瀟脫。
雨又下了，想稻禾受到陣雨的滋潤必然一寸寸長高。
從地面捲起的大風，把雨又吹停了，
陣雨來得快也收得快，真是大地萬物的及時雨呀！

二〇〇五、五、十五晨作於居之安齋

再見，綠園道

經過幾天的大雨，風和日麗，
推開門，看到四圍一片片蒽鬱的林木。
再見，綠園道。
六點正，太陽已經昇起，散放微微的暑熱，
藍天、白雲，配上一望無垠的碧草如茵，
洗滌了我心被引起的衝犯，
平靜，寧馨。
二十歲時，我就有現代人要用現代方式來表現自己的感情思想的觀念，
四十年來浸淫在傳統的中國文化，
但是，依然以散文和新詩（詩歌）的表現方式創作。
五十多年來，台灣有屬於台灣自己的中國文化，

迴別於中國大陸。
五、四運動以來，新文學就是現代人創作的表現方式。
九十年來，中國大陸出了一個高行健，他以散文、以繪畫、以
短篇小說寫出中國大陸人新一代的心聲，
得到了諾貝爾獎。
我們也希望台灣有台灣人的文化，但那不只是一定要用台灣話
來表現，
社會上，學術界研究傳統中國文化的人還很多，現在還時興寫
漢詩（古典詩）、用台語吟唱，
然而，這只是把古典當古董來欣賞，不是主流。
漢賦、唐詩、宋詞、元曲，
誰最能用新文學來表現台灣的社會，台灣人的感情，才是最重
要的。
鳳凰花開，又是驪歌輕唱的時節，
我們希望我們的莘莘學子，入社會後，
能夠傳承我們的台灣中國文化，創作自己的作品，

太陽高高昇起，艷陽高照，
象徵嶄新的一天，嶄新的時代，
再見，綠園道！

二〇〇五、五、十六晨作於居之安齋

日安，朝晨

清晨拉開窗簾看窗外街燈依舊明亮，
遠處的一家家也依然點點露著亮光。
由紗窗透入陣陣微風，
沁涼。
由遠而近，飛來幾隻雁子，
使我想起杜甫的望嶽：決眥入歸鳥，
登高遠眺，真個是一覽眾宇小。
忽然街燈和家燈都熄了，
遠天朝霞入目，粉紅色的雲朵，配著湛藍的天，
朝晨，極美。
我出外漫步，天地是一樣的遼闊、廣袤，
綠地的四圍邊區長出蔓草，

噴泉向外四射，給人涼爽的感覺，
有樹香、花香噴鼻，真是染得一袖花香入袂，
白天鵝、鴛鴦都離水在青草地上漫遊，
白鷺鷥在水邊啄食，
只有群雁依然自由自在的在天空飛翔。
池塘中的魚兒也悠然自得，
小鳥間歇的鳴叫。
太陽升起，朝晨是那樣寧馨、靜穆。
真是山中無日曆，
松林的松果掉落，王維不是說空山松子落。
日安，朝晨！
此中有真意，欲辨已忘言，
有樂音流洩，虛室無塵雜。

二〇〇五、五、十八晨作於居之安齋

暑熱

夏天大氣流轉一片暑熱，
屋內門窗都打開了，也還覺得悶熱。
趁太陽還沒升起，出外漫步。
松林枝葉低垂，不像冬季的挺拔俊秀，
不知名的紫色樹花開了幾隻，
給大地添上新衣。
胭脂花紅得人心煩，
九重葛一點精神也沒有。
走到偏僻的角落，
黃色的野菊和紫紅的芭蕉，在綠葉襯托下，
煞是美麗，
但人煙稀少，也自然孤芳自賞，自開自落。

白色的紫薇花、槴子花也不甘人後，盛放滿枝，
清紅的花叢映襯其間，
隨手採擷一朵，留下夏天的印記。
噴泉為了解熱添增五座，灑得湖面熱鬧非凡，
小鳥依然在天空飛翔，只是不再鳴叫。
大王椰子，銀杏依然挺立有神，
梧桐樹結了碩大的果實，芒果樹也結實纍纍，
有人坐在磨菇樹上打坐，
是否真能忘我，忘掉一身暑熱？
還不是艷陽天，
我還可以徐徐漫步，看竹林中的枯葉滿枝，
體會暑氣逼人的威力，
暑熱依舊，但我心恬靜。

二〇〇五、五、十九晨作於居之安齋

迎接第一道曙光

長空萬里，大地綠碧，
漫步校園松林，棕櫚樹，棲樹林立，
一陣風吹來，樹香撲鼻，
真的是染得一袖花草香入袂。
一畦畦的綠地，點綴整個校園綠意盎然，
充滿生意，
榕樹也不甘樹後地現身，讓垂根滿枝。
校園的邊區有橙黃、黃色的野菊盛放，
給荒草蔽野帶來美的感受。
芭蕉深紅的花一絡絡盛放，啓迪人不怕冷落，
要守得住寂寞。
走到路窮處，站看車水馬龍，

校園的道路四通八達，
條條大路通羅馬，
回頭將萬轉，噴泉滿溢，熱熱鬧鬧。
梔子花雪白盛放，彷彿要跟微曦對映，
白天鵝、鴛鴦在水中悠遊，一片閑遠，
等待曙光的出現。
白鷺絲也低掠湖面，野雁與麻雀群舞湖上。
我從何處來？將往何處去？
有出生才有成長，有成長才有茁壯，
這是大自然給我們的啓示。
芒果樹結實纍纍、還小，象徵還可以茁壯成熟，
鳳凰花盛開，鸝歌將唱，莘莘學子將步入人生的開始。
終於太陽高高昇起，
曙光出現。

二〇〇五、五、二十晨作於居之安齋

仲　夏

是仲夏，
蟬聲四處鳴唱，
蟬在地底下蟄伏了十七年，
只為了高聲歡唱，迎接這一夏。
是夏天了，
沒有多少繁花勝景，只有蓊鬱深綠的樹木。
如果有花，最好留在枝頭，它們的生命才能長久，
否則剪下來，插在花瓶裡，是極美，帶給一室溫馨，
但壽命最長只有十天。
今天的天不開朗，濃雲遮住半天邊。
只有太陽是一圈白光，伴著遠處幾朵白雲和深淺不同的遠山。
紅的、紫的、白的、紫紅的爬地錦開放了，

桂花也飄香，小小一朵朵的桂花，可愛極了。
眾芳蕪穢，看了令人心酸，
只有粉紅的紫薇和白色的紫薇還零落的開放。
轉個彎，看到不畏四季的胭脂花盛放，配上雪白的梔子花，
紅白相映，為仲夏帶來一點繽紛的色彩。
小黃眉飛上樹梢，松鼠也活潑地亂蹦亂跳，
仲夏也是有生命力的。
突然雨下大了，亂灑一地，
把運動的人們驚得狼狽而逃，
我依然慢步徐行，不管雨打傘。
中興湖的五座噴泉齊放，
洗滌大地的暑氣，
白天鵝、黑天鵝、鴛鴦、優游水面。
雨漸漸小了，仲夏的白花經雨的洗禮，有精神的盛放。
天開朗了，一片湛藍，配著白雲朵朵，
仲夏是美的，

中興湖口，紫色的、粉紅的兔子花盛放，
日安，仲夏。

二〇〇五、五、二十一晨作於居之安齋

閑情

排開世俗的塵雜，只為的心靈的寧靜。
到海邊看海，驚濤拍岸，捲起千堆雪，
海給人一片壯闊無限無垠的感受。
白頭翁獨棲垂枝，像煞一幅花鳥畫，
花圃眾芳皆蕪，獨有玉蜀黍嫩綠結穗。
走在椰林大道，大王椰子筆直得像一個清高的隱士，
樹葉隋圓交錯相疊，密密痲痲，遮蔽行人，只看到一線遠天。
看池魚悠遊自得，小水珠涓涓灑落，別有一番韻緻。
雪白的水蓮花一枝獨秀，盛開著，閑逸，灑脫。
靜固了群動，動固納萬境，閱世走人間，觀身臥雲嶺，還從世
俗去，永與世俗忘，
其中的哲思，只有自己去尋繹。

不是怕山野的孤寂，也不是怕朝市的囂喧，
隱居在工作中，是為了寄託，是為了生活的依靠，
萬物興廢，人事無常，但依然有永恆不變可以依靠的東西。
花草樹木是大自然，大地宇宙，呼嘯的海洋，
令人賞心悅目之餘有一種豪氣。
太陽終於高高昇起，象徵永遠不變的一天。
但是孔子說逝者如斯，
像分離四十一年，再相見，已是兒孫滿堂的祖母級的堂姐，
桔梗花牽繫著一份情，
親情是永恆不變的，
這豈不是閑情？

二〇〇五、五、二十一晨作於居之安齋

洋桔梗的親情

遼闊的藍天，碧綠的大地，
居然有個人蹓鳥，鳥籠很小，看不清楚，是畫眉嗎？
校園內樹木蓊翳，吹來陣陣樹香，
枇杷花盛開，疏疏落落，別有一番風致。
起得比較晚，微曦正紅紅的，圓圓的掛在樹梢，
古人用明月寄情，我借太陽向南台灣的堂姐問好。
南台灣的鄉野，依舊浮在腦際，
桔梗花的花田也依稀在目，
昨夜託耀仁再要一把桔梗花配上香水百合，
二胡的琴音下，交織著親情的甜蜜。
桔梗花的親情，是我清晨的溫暖，
問一聲南台灣的堂姐，是否已起早在花田蒔花鋤草？

中興湖景色依舊，今早有噴鼻的樹香，
小池塘三朵雪白的水蓮盛放，清雅秀逸，
走在大學路上，六叢盛開的梔子花，雪白飄香。
七月下旬將有大學同學會，借住同學家過一夜，想像在萬里同
學家別墅生活的野逸，
友情也是很溫暖，熱情澎湃的。
回身將萬轉，真的有許多人在蹓鳥，也真個是碧綠的畫眉鳥。
我帶著一片喜悅上樓，桔梗花夾著香水百合正迎接我，向我問
好，
我也將捎個電話給堂姐，
報平安！

二〇〇五、五、二十二晨作於居之安齋

心平氣和

天一片明淨，大地一片碧綠，
涼風習習令人神清氣爽，
難得的黃色芭蕉花，潤澤、嬌艷、盛放。
麻雀迎面低掠而過，
紫色的樹花茁壯盛開滿枝，
斑鳩兩兩在沙地上漫步啄食，
走在校園裏的林蔭大道，
平心靜氣。
所以可以了悟大自然，
儒家說靜而後能定，定而後能得，
只有平心靜氣，我們才能了悟，悟得宇宙的真理。
黑天鵝、白天鵝都靜靜浮游水面，

真個是萬物靜觀皆自得。

如果我們拘泥在外物之內，自其內而觀萬物，外物沒有不高而且大的，在夾縫中看世界，

我們真能看到什麼？

蘇東坡說超然於物外，是有至理的。

心平氣和我們才能把握問題，解決問題。

心靈的寧靜，冷靜，理智與有智慧，

令我們生活愉悅、自然、自在、無所懼怕。

孔子說志於道，據於德，依於仁，遊於藝，

讓我們就以此自勉，

心平氣和！

二〇〇五、五、二十三晨作於居之安齋

雨後

出門看地上有一窪窪水渠，知道昨夜下雨了，
天一片灰暗，大地碧草雜出，
離離原上草，一歲一枯榮，野火燒不盡，春風吹又生。
不是野火，也不是春風，是夏雨。
小鳥啁啾鳴叫，一片歡愉，
溝水也清澈了，和鳳凰木花朵艷麗清新盛放，
走在樹林間，有水珠灑落，
是提醒我昨夜宿雨嗎？
松針一球球蓊翳青翠，是受了雨的洗禮。
桂花樹葉綴著點點水珠，
煞是可愛。
垂柳也茂盛了，像舞裙舞動垂枝，盛開。

竹葉也一片片展開，隱在樹叢間，
竹桿筆直深綠，像個高士。
兩隻白天鵝突然落水，彼此嘶啄在湖中嬉戲，
鴛鴦也跟著下水，悠游湖面。
天空碧藍了，雲朵也落出白光，
遠山也依稀可見。
空山新雨後，雖然這兒不是高山，
但是新雨過後，
天朗氣清，惠風和暢。

二〇〇五、五、二十四晨作於居之安齋

尋找自我的寧靜

人活在世間上，有許多意想不到的事。
真的是人在江湖，身不由己，
人找上門來，又不能像陶淵明雖設而常關，
只好爭得上司的意見，為他人做嫁衣裳，
把事情做了（本份內的），與大家一同和樂。
俗務一了，尋找自我的寧靜。
走出斗室，看看廣袤的天，欣賞一地的碧綠，
看一花一草一樹一木，幾根竹子，
多麼逍遙自在，花木有情，一定歡喜他們能潔身自好。
走進松林，又是一陣噴鼻的樹香，
徜徉在樹叢間，看大自然的景色，
心寧自然平靜，欣喜。

古人真好，可以隱居山林，寄身田園，尋找自己理想的生活。
自由自在，行到水窮處，坐看雲起時，偶然值林叟，談笑無還期，
多麼悠然，自在而愉悦。
現代人生活在大城市裏，要俗事全拋，庶幾不可能，如果還不能超然物外，尋求自我的寧靜，
我們真的能説什麼？
兩株馬尾松畢直的青蔥的聳立在湖口。
雖然沒有超然台可以看雨雪之湖，有雲有月之夕，
採燕果、飲美酒、吃粟米，樂哉斯遊。
但至少可以在湖邊走走，看棕櫚發芽吐穗，
看群雁在湖空中，自由自在的飛翔，
博朗寧黃黃的一串串，垂掛下來，像珠簾，
碩大、雪白的樹花，半開，冷艷，一旁火紅的鳳凰木，黃色的爬藤，兩兩對映，
煞是美麗。

尋找自我心寧的平靜，
萬物靜觀皆自得。

二〇〇五、五、二十五晨作於居之安齋

清新高尚的品格

儒家講仁義，要人與人之間互相相愛，做本份恰當的事，

道家講自然，崇尚水，認為水利萬物而不爭，

大自然界西方講適者生存，互相爭鬥。

但是大自然給我們的啓示是花草樹木自開自落，與世無爭。

動物的世界是殘酷的，但是人為萬物之靈，現代人甘於淪為禽獸？

儒道的思想，表現在中國文人的身上，就是追求理想、堅守進步。

發揮出來的作品表現清新高尚的品格。

二千多年來，無論世界各地，有華人的地方就會紀念屈原，

屈原是我們中華民族最光輝的文人代表。

因為他為了理想、為了進步，堅守他的志向至以身殉，

他的不平，他的呻吟，他的熱情化為不朽的詩篇。
楚國的老百姓尊敬他、愛戴他、憐憫他，
在他身殉楚國的日子，包粽子、划龍舟，保護他、懷念他。
為什麼？
因為他有著一腔磅礴的熱血和滿懷高尚的人格。
他被毀謗、被放逐，他不怒，作文章抒志，
説寧溘死而流亡，雖九死而不悔。
更可貴的是他不同流合污，
説民生各有所樂兮，余獨好修以為常。
我們雖然蒙冤受屈了，但我們要恆常地修養我們的品格，
這種清新高尚的品格與志節，使他留芳萬世，永垂不朽。
歷史給我們驗證，古人給我們榜樣，
現代的讀書人真的連這一點自尊都要丟棄嗎？
只為逐名求利？
歌德讚美我們比西方人更明朗、更純潔、更有道德，
但今日的讀書人中有幾人能堅守理想，追求進步，表現清新高

尚的人格？

二〇〇五、五、二十六晨作於居之安齋

月

天還沒亮，天空掛著一輪明月，還沒有圓，
月亮在古代是民間故事中，膾炙人口的嫦娥，
嫦娥奔月的故事，家喻户曉，
但少人知他在廣寒宮不僅淒清寂寞，而且化為蟾蜍。
唐人詩嫦娥應悔偷靈藥，碧海青天夜夜心，
今天這個淒美的故事，永駐人心頭。
但阿姆斯壯登陸月球，讓我們明瞭月球的真像，這並不會破壞
我們的理想和想像，
中秋月依然是家家歡慶、渡團圓的日子。
古人的名詞：舉杯邀明月，對影成三人，
多麼豪邁，與致勃勃，
蘇東坡的中秋月，暮雲收盡溢清寒，銀漢無聲轉玉盤，此生此

夜不長好，明月明年何處看？
這是蘇軾與弟蘇轍相聚又要相別的詩，
寫盡千古離合之情，是咏別月的名句。
月兒是無生命的，但人們賦予它美麗、動人的感情。
千里寄情，託月懷遠，月亮一直是人們傳達感情的好朋友，
閨婦因為見月而思情，寄情千里光，
兄弟因為見月而興感，最有名的就是蘇東坡的水調歌頭，
月有陰晴圓缺，人有悲歡離合，此事古難全，但願人長久，千里共嬋娟。
真好，人生無常，就讓我們但願人長久，千里共嬋娟，
為天下的友人親人祝福吧！

二〇〇五、五、二十七晨作於居之安齋

夜

黃昏落日餘暉裝飾天空霞光與藍天共飛，
入夜街燈家燈一片燈火輝煌。
最燦爛的夜是元宵的燈火，
各式各樣的花燈，點綴得整片街市像個不夜城。
夜深人靜的時候，只有燈火點點，大地一片靜默，
此時此夜只有月亮閃爍，溫柔的照射人間，
為黑夜添加光明。
在香港的新島飯店賞夜景，是天下一絕，
在瑞士的夜晚乘航夜遊那也是人間一絕，
還有夜晚坐船遊巴黎的塞納河，
艾菲爾鐵塔燈火輝煌，遊湖的心情是愉悅的。
枕臥船上，任山景隨波一俯一仰，風中的湖船也同月亮來往，

這是乘舟夜遊碧潭的樂趣。
夜遊瑞士、法國的湖光水色，情趣是別饒趣味的。
夜晚遊明治神宮，雨中行樂，庭園之美也別具一格，
可惜現在已不開放。
還有夜晚去高級的料理店吃活跳跳的生魚片，也很有人情味。
享受、欣賞一下異國的生活情趣。
台北的夜生活是如何？台中的夜生活又是如何？
將永遠對我都是一個謎，
因為我永遠不會涉足那些燈紅酒綠的場所。
我愛夜，更愛有月亮的夜晚，
坐在家裡，靜靜地享受一室的寧馨，
夜安，你或妳可以了解嗎？
這一室的安寧。

二〇〇五、五、二十七夜半作於居之安齋

運動

籃球場上有老人、有婦女、有青年、有小孩，集聚一堂打籃球，
煞是熱鬧。
在校園的邊區是種苗房，房旁低樹叢圍，有一枝類似曇花的雪白花朵盛放，
雪白、純淨、一枝獨秀。
黃色的小菊花在綠葉襯托下盛放，
為暑熱帶來一點舒爽的美感。
火紅的鳳凰花盛開，一團熱情，像冶艷的少女。
黃色的博朗寧一串串垂枝而下，點綴樹林，
他和鳳凰花同在盛夏綻放，
告訴人們驪歌又起，又再有一批新人步入社會服務。

繞著中興湖走一圈，噴泉泉湧，暑氣頓消。
游魚在池塘中悠游，不知天氣已熱，
七朵水蓮盛放，二朵含苞，對映著也是白色的花，一片雪白，
褪去心中的暑熱。
白天鵝也是一片雪白，錯落在岸上，在湖邊，自由自在。
微風吹拂樹葉，葉片飛動，黑色的蝴蝶翩翩飛舞，這也是盛夏
的一景。
雁子騰空飛翔，也有的棲枝而息。
校門口砌著一堆雪白的大理石，石面刻著黑色的字，是孔子要
人志於道、據於德、依於仁、游於藝的訓示。
是畢業的校友期勉他們在校的學弟妹，如何待人處世求學問
嗎？
走回綠園道，空蕩蕩，無人跡。
使我想起王維的空山松子落，
但是，沒有空山，也沒有松子，
只有眾芳蕪薉的綠地，和短矮的樹木。

木瓜樹也發黃殞落，
中興湖的小洋菊，粉紅的、紫紅的、黃的，相間而開，
雖然有點不堪炎熱，但抖擻著，迎風含笑的風姿與精神，
令人感動，
運動使我們身心開放，視野遼闊！

二〇〇五、五、二十八晨作於居之安齋

落日

偶然看向窗外，
一輪渾圓橙紅的落日，
高掛灰色的長空，
美極！艷極！
我一喜，拿起相機猛拍，
然後，
靜靜地欣賞落日。
四面的屋舍大廈寂靜的，
我看它落到大廈後的灰藍雲朵裡，
然後，
一絲一絲地往下沉，
彷彿罩上一層灰灰的面紗，

紅艷褪去，
落日隱遁。
李義山說夕陽無限好，只是近黃昏。
我倒沒有如此傷情，
只是覺得好美的落日，
也消失得令人無限嚮往，
今天有極美的落日，
但是沒有餘輝。

二〇〇五、七、四黃昏後作於居之安齋

人物速寫

一

倔強的老人，
他是個倔強的老人，
至少我認為，
不管是散步在綠園道，
或坐在木椅上，
他總是抿著嘴，固執的眼神，
不發一言，
我觀察他很久，
他依然故我，
真是個倔強的老人。

2

騎單車的小孩，
速！
小孩的喧嘩聲，
活潑，風馳電掣，
一溜煙，
消逝了。
在校園散步，
好幾次碰上騎單車的小孩，
給寧靜的大地，
劃開一道鮮活的力之美。

3

難兄難弟，
我大學的同學李振興和吳仁懋，

李胖胖的，爽朗、外向，
吳瘦瘦的，含蓄、內斂，
二人同在南臺灣的鄉野，
作育英才，各有所長。
二人豪氣不減，雄姿英發，
難怪一片雄豪壯氣，
說，讓我們十年後，
再別雌雄。

自註：六日上午二位學兄來訪，暢談一上午，故有此作

二〇〇五、七、七上午寫於居之安齋

溽暑

1

涼風習習，
蟬聲四唱，
是溽暑。

2

魚兒在水中悠游，
荷花在池塘開放，
雁兒在天空悠遊飛翔。

3

把筆寫字畫畫，
是消暑解悶，
的最好良方。

二〇〇五、七、九晨作於居之安齋

風和日麗

風和日麗，
晴空萬里，
小鳥振翅飛翔，
太陽露出笑臉，
照射人們，
帶給人們一絲溫暖。
有人閉目做操，
有人漫步綠園道，
雁兒由遠方飛來，
知了叫了，
高高低低抑抑揚揚的蟬聲，
告訴人們，

這是個暖暖的仲夏。
風和日麗，
日安仲夏！

二〇〇五、七、十一晨作於居之安齋

清晨

清晨，
藍天白雲朵朵，
大地一片遼闊，
漫步綠園道，
麻雀在草叢中跳躍，
樹木一片蓊翳，
孤零零的一隻白頭翁停在電線桿，
俯瞰大地，
清晨的感覺是舒爽的！

2

陽光透過樹梢映照溪水波光粼粼，
樹蘭紫紫的一串串直衝雲霄，
校園內人們很多，
有人靜坐，有人打拳，有人聊天，有人慢跑。
九重葛剩下疏疏落落的幾朵，
掙扎著綻放，
鴿子跳上樹巔眺望遠方，
伯朗寧垂露樹梢，
清晨的感覺是愉悅的。

3

紅的、紫的、白的、黃的、粉紅的爬地錦在綠莖的襯托下綻放，
粉紅的紫薇也開心地儘情開放，

紅的鳳凰花不甘示弱依然迎風含笑，
二叢白色的紫薇花靜靜地開著，
雁兒展翅飛向遠方。
蟬聲是夏天的標幟，大方熱情地演奏自然的樂章。
中興湖的湖水碧綠，噴泉開心地向四方撒落，
清澈的池塘有游魚悠游自在的游著。
荷花開放雪白，清新，潔淨。
大王椰子筆直的挺立，象徵文人清高的人品。
清晨是美好的，寧馨的，
你和妳懂嗎？
日安，清晨！

二〇〇五、七、十二晨作於居之安齋

一天的開始

打開門眺望大地，
四方由遠而近的大廈，
磚紅的、深灰的、象牙白的，
也都像迷著一層白紗。
樹木蓊翳，碧草如茵，
雁兒單飛飛向遠天，
群鳥高翔航向遠方，
行人很少，
只有幾輛汽車靜靜駛過，
一天的開始是美好、寧馨、靜謐的。

2

天漸漸亮，
由灰灰的而變成淡藍，
微曦也出現了，
淡淡的紅雲染透半邊天。
有人開始漫步綠園道，
有小孩騎著單車向前駛，
對面的早餐店也開始忙碌起來。
樹木依然蒼翠蓊翳，
大地不變。
有雙雁對對振翅高飛，
麻雀在草地上跳躍、啄食、飛翔。
行人與車輛漸漸多了，
一天的開始是廣袤無垠，充滿無限希望。
日安，大地！長空！太陽！ 二〇〇五、七、十三晨作於居之安齋

城市裏的鄉野

蟬鳴狗吠，
天一片蔚藍，
地一片青翠，
有人舖毯子在地上做伏地挺身，
有人漫步綠園道。
太陽的亮光照射人們，
告訴我們已是仲夏。
青碧的樹葉還有粉紅的嫩葉，
木瓜樹已不堪暑熱枯萎了。
二隻雪白毛茸茸的小狗在主人的呵護下，
在青青的草地上追逐遊戲。
每户人家的庭院都種著樹木、花草、瓜果，

龍眼樹已結實纍纍。
溪流的溪水潺潺，
筆直的小徑兩旁古木參天。
陽光像王維的詩返景入深林，復照青苔上。
棲樹和松林對立，棕櫚夾在中間，
不知名的樹長出一顆顆小小的果子，
煞是可愛。
斑鳩躲入樹叢，
小松鼠在枝椏間攀爬，
城市跟鄉野不同，有很多人靜坐、打太極拳、做操。
仲夏的樹木都結了大大小小的果子，
雁兒繞樹而飛，不是撿盡寒枝不可棲，而是棲息在電線桿上。
校園寂寂沒有行人，
只有雙雁迎面飛來。
太陽高高的昇起，
火紅的芭蕉向它落出笑臉，

像曇花的雪白花朵對它展靨，
地上的黃色草如錦開放，
爬地錦也不甘示弱花團錦簇。
白色的蝴蝶迎風飛舞，
蟬聲又唱、劃破校園的寧謦，
城市裏的鄉野令人感覺愉悦。
荷花雪白、清新在池塘開放，
五朵，
出污泥而不染！

二〇〇五、七、十四晨作於居之安齋

晨起(Ⅰ)

天開了，
大地一片靜謐，
太陽亮亮的露出臉兒，讓白雲也發光。
大樹靜靜的、筆直的挺立，
清晨是安安靜靜的。
靜靜的行人漫步，
靜靜的有人做操，
只有麻雀跳躍青草地，低空飛翔。
有一顆不知名的樹長得很茂盛，枝枒垂落溪檻，像是一幅山水畫，靜靜的早晨給人清新、寧謐、愉悅。

2

步入校園，樹蘭花果並開，
有一片落葉，輕飄飄的掉下來，
雙雁在天空交舞飛翔，
看到遠處的尖塔碧綠綠的。
雁兒飛向遠天，
扁柏青青蒼蒼開放，對人展靨。
萬物靜觀皆自得，
靜故了群動，動故納萬境，
清晨令人深思、運動、積澱。

3

古木參天的樹，陪伴行人，為行人遮蔭，
遠山一片迷濛，

朝霞映照遠方的天空，
清晨！有瀑布（噴泉）灑落，
有游魚戲水，
有荷花開放，
有天鵝悠游水面，
有鴛鴦洗翅，
有蝴蝶翩翩。
清晨的感覺真好，
日安，晨起。

二〇〇五、七、十五晨作於居之安齋

內灣行

到新竹探望姑姑和叔叔，
叔叔說帶我去內灣玩。
坐觀光電車，
芋葉片片，
竹林叢叢，
芭蕉展葉，
蕉林一大片一大片，
粉紅的牽牛花（第一次看到），爬出人家的圍牆。
絲瓜綠綠地一棵棵垂露，
天突然昏暗，
近山碧綠，遠山如墨，更遠只見一片灰濛，
充滿了層次感。

龍眼結實纍纍，一粒粒土黃色，
內灣黑色的吊橋平坦而安全，
橋下溪水滾滾，一片黃濁。
而霽天晴，
兩岸的山勢渾圓穩重，
青蔥蓊翳，
有浮雲山嵐雪白的飄浮穿梭山間。
內灣行，
與姑叔嬸一遊，
雖然行色匆匆，
但在雨中遊玩，不也充滿詩意？
自注：姑叔嬸不識字，但熱情，故有此遊，而為此作。
二〇〇五、七、十七黃昏作於新竹，叔嬸的家

颱風過後

天一樣的藍，廣袤無垠，
地一樣的綠，卻長著雜草，蓄著水氣，
大樹被折腰砍斷，
樹木七零八落，
粉紅的嫩芽也枯乾了，
只有人們依然平靜地漫步。
天災如此可怕，人為的災禍則更可惡。
旅遊台北的鄉間，一路上不見碧樹更遑論青山，
只有怪手跟一棟棟的大廈，
坐船遊基隆灣，只見一邊是一望無垠的大海，

一邊則雖偶有怪石野景，但青山環繞是沒有的，
船隨著海浪一起一伏，海風吹來，沁涼，
只覺得在這麼美的翡翠灣，卻與住在城市看夜火點點沒有兩
樣。
好不容易月亮出現了，也一園霧氣，漸漸成形，月光不太明
亮，還圈著一層混黃的雲氣，
這是颱風過後，最美的旅遊！
夜安，月光燈火點點！

2

龍眼枯乾萎落，
盆竹也萎靡不振，失去那一份瀟灑灑脫，
只有爬籐類的胭脂花、青翠、深紅、碧綠、生意盎然，
校園一片狼藉。
古木已被颱風摧殘得稀稀落落，
樹蘭花和果都爛了，

只有松柏依然翠綠傲然。
萬物面對大自然的肆虐是渺小、無可反抗的，
但是，蜻蜓成群的出現，正奮力的振翅飛翔，
蝴蝶也長大了，翩翩起舞，
運動的人們少了，
但我相信，也有信心，
重振、重整，我們的家園。

二〇〇五、七、二十三晨作於居之安齋

晨起（Ⅱ）

1

天還沒亮，
遠天一片灰濛濛，
寧馨、靜謐，
人車依稀，
樹木青翠蓊翳，
知否？知否？早晨的微曦。

2

芭蕉展葉，
湖水碧綠，

游魚悠游，
荷花雪白清新，
記否？記否？清晨的涼風習習。

3

噴泉灑落，
雁兒高棲，
天鵝洗翅，
鴛鴦戲水，
行人悠遊漫步，
知否？知否？早晨是這般靜涼舒適，沁人心脾。

二〇〇五、七、二十四晨作於居之安齋

無題

1

斜躺貴妃椅，
曬日光浴，
窗外涼風習習，
看青天一片廣袤無垠，
心靈的寧馨與恬靜，
是午後最好的休憩。

2

斜躺貴妃椅，
曬日光浴，

窗外微風陣陣，
看群雁成群遠去，
心靈的平靜與安適，
是午後最好的自然之音。

3

斜躺貴妃椅，
曬日光浴，
窗外涼風習習，
看樹木蓊翳，一片翠綠，
心靈的明淨與無邪，
是午後最好的享宴。

二〇〇五、七、二十四午後作於居之安齋

微涼

1

涼風徐徐，沁人心脾，
太陽還沒升起，
是微曦，
綠園道漫步的行人依稀，
麻雀雙雙在天空對舞，
舞姿曼妙，
有的三三兩兩的棲息在電線桿上，
閑視宇宙！

2

涼風徐徐，沁人心脾，
太陽還沒升起，
是微曦，
天氣微涼，
柳枝垂岸，
竹桿挺拔展葉，
蜻蜓款款飛，
看大王椰子挺立，直上雲霄，
校園漫步的行人很多。

3

涼風徐徐，沁人心脾，
太陽還沒升起，
是微曦，
天氣微涼，
斑鳩在青草地上閑步，

慢跑的人奮力向前。
群雁在天空飛翔，
太陽已經升起，
曙光已現，
日安，微涼。

二〇〇五、七、二十五晨作於居之安齋

無題

俯視大地，
大地一片翠綠，
樹木蓊翳，
人車依稀，
泱訾入歸鳥，
一覽衆屋小，
月亮還沒落下，
半圓的、溫柔的、關懷人間天地，
涼風習習。

2

仰觀天象，
天一片灰藍，無邊無垠，
太陽已經高高升起，
亮亮的白光照射大地，
給人們絲絲溫熱，
麻雀飛上樹巔，
雁兒振翅翱翔，
仰觀天象，
人事一片溫馨、和諧。

3

平視人間，
小孩童言童語，
父女共乘摩托車，

緩緩而行，
親情洋溢。
人間到處有溫暖，
用愛心和關懷代替對立和鬥爭。
早起的人們一句問候，幾句寒暄，幾句閒聊，
揭開凡人一天快樂的序幕。
天地和煦，一片溫熱，
我揮一揮衣袖，
不帶走一片雲彩，
讓一切還諸宇宙人間。

二〇〇五、七、二十六晨作於居之安齋

迎向陽光

1

迎向陽光，
天一片廣袤無垠，
大地一片遼闊，
細小的麻雀振翼飛翔，
人們努力的向前漫步，
象徵永遠樂觀開朗的精神。

2

迎向陽光，
花木孳孳向上蓬勃生長，

高大的白雁展翅在青空中翱翔，
人們奮發不懈、不斷地奮鬥，
小黃眉在枝枒間穿梭跳躍，
象徵永遠溫馨快樂的情懷。

3

迎向陽光，
黑色的鳳蝶迎風飛舞，
白色的花蝴蝶也展翼飛翔，
黑白相間的小狗跟著主人的單車勉力向前。
人們追求生命的活力，
象徵天行健君子以自強不息的精神。
迎向陽光，
一朵雪白的荷花挺拔矗立，對人展靨，
給人間帶來希望。

二〇〇五、七、二十七晨作於居之安齋

休憩

1

窗外紗窗透進涼風習習，
斜躺貴妃椅，
曬日光浴，
看室外青天白雲蒼狗。

2

窗外紗窗透進涼風習習，
斜躺貴妃椅，
行日光浴，
配上對面白色的屋頂，

煞是美麗。

3

窗外紗窗透進涼風習習，
斜躺貴妃椅，
曬日光浴，
看室內一片寧馨恬靜。

二〇〇五、七、二十七午前十時於居之安齋

溽暑的午後

溽暑的午後，
蟬聲四處鳴叫，
在溽暑的午後，
顯得有點聒躁。
幸好一陣涼風吹來，
消褪了逼人的暑氣。
小鳥啁啾和蟬聲共鳴，
蟬聲也轉趨柔和，
逐漸輕細，
漸漸和柔。
走到街道上，
一片暑熱，

迎面涼風習習，
暑氣全消，
溽暑的午後，
心靈一片寧馨，平靜。

二〇〇五、七、二十七午後作於靜宜蓋夏圖書館

愉快的早晨

清晨起來一片輕鬆愉快，
推開紗門，
看户外宇宙大地廣袤無限，
無邊無際。
漫步綠園道，
有小女孩與狗相戲歡笑，
蜻蜓款款飛，
一大片一大片密密麻麻，
在青空中飛舞，
彷彿不這樣無法代表它們對盛夏的喜悅。
橙黃的芭焦花對對迎風開放，
替單調的盛夏染上沁涼的色彩。

紫的紅竹與青翠的綠竹對溪而望，
煞是可愛。
蟬聲四處高唱，
熱熱鬧鬧，迎接盛夏，
為盛夏演奏動人的大自然樂章。
樹木青蔥蓊鬱，
一大片一大片，到處可見，
是消暑的最好良方。
漫步綠園道，
是愉快的早晨，
為一天揭開快樂的序幕。

二〇〇五、七、二十八晨作於居之安齋

生死

活得快快樂樂瀟瀟灑灑，
發揮自己的才能，
像白雁展翅在天空自由自在的飛翔。
太陽散放溫熱，考驗人們的耐力。
痲雀飛上枝頭，沒有被車輾過。
斑鳩飛上樹顛，睥睨人間。
小黃眉鳥在群空中飛舞，
比關在鳥籠中快樂、飄逸。
樹木欣欣向榮，充滿生機。
黑鳳蝶翩翩飛舞，停在草叢間，
給人間帶來力與美。
生要活得有意義，

死後要有能力繼續造福人群。

二〇〇五、七、二十九晨作於居之安齋

無題

很晚才下樓漫步，
太陽已經高高升起，
散放一片暑熱。
綠園道沒有行人，
只有一位青年帶著二隻狗。
蟬聲依然吱吱喳喳鳴叫吵鬧，
麻雀依然在青空下飛翔，
在草地上跳躍，
蜻蜓依然成群在群空中飛舞，
迎接盛夏。
校園行人依稀，
還是有人靜坐、有人舞棒、有人弄劍、有人閒聊，

小黃眉依然在天空中飛舞，停立樹梢，
蝴蝶對對對舞在樹叢間，
活潑，美極，
幸好有涼風陣陣，解除一點暑熱。
想到一個禮拜後要到熱熱的上海，
如果沒有涼風習習，
我也只好頂著暑氣向前衝。
一群大學生在高歌勁舞，
展現青年們青春的活力。
雪白的荷花依然清新展靨，
出污泥而不染。
天鵝鴛鴦依然在湖中雙雙戲水，
看到這樣的景色，
暑氣全消。
回程蹓鳥的朋友們群聚樹蔭下，
鳥籠一個個被掛在樹梢，

黃眉馬你唱我鳴，
演奏大自然的樂章。
看到此情此景，
令人不禁露出微笑，
忘掉一身的暑熱，心很平靜、寧馨。

二〇〇五、七、三十一晨九時半作於居之安齋

無題

太陽高高升起，
帶來一片熾熱，
綠園道沒有行人，
只有一位青年奮力向前跑。
天一片遼闊，
心也一片開敞，
青青的草地由於颱風過後，
落葉滿地，垃圾狼藉，
沒有人清理。
抬頭看，樹木一片青翠蓊翳，
令人感到生生不息的綠意，
大自然給人啓示和力量。

老人也不輸青年推著單車向前跑，
步入校園，可以看到形形色色的人，
煞是有趣。
昨日艷紅盛開的芭蕉今日已全部凋零殞落，
令人感到人生無常。
盛夏最快樂的是蜻蜓，
成群的在天空中飛舞。
盛夏的花是爬地錦繽紛盛放，
替盛夏抹上明媚的彩妝。
蟬是盛夏的動物，引頸高歌，歡唱著盛夏的來臨。
艷陽高照，一身暑熱，
但我的心彷彿由噴泉洗滌過，
一片清新、恬靜、寧馨。

二〇〇五、八、一正午作於居之安齋

盛夏微曦

1

太陽紅紅的圓圓的高掛青空，
是盛夏微曦，
大地顯得一片靜謐，
綠園道的行人，
靜靜的漫步，
是清晨空氣清新舒適。

2

我揮一揮手，向太陽打個招呼，
太陽已不再紅潤變成淡淡的橙色。
校園內樂音響起，

有一群人隨樂舞蹈，
展現健康和力之美。
有一隻喜樂蒂的黑白相間小狗，
很是嬌小可愛，
隨主人在校園內追逐嬉戲，
為校園添來活潑和生意。

3

太陽已經高高升起，變成一團白光，
身軀微感暑熱。
蟬聲鳴唱，
是盛夏，微曦已過，
人們又開始吵雜，
只有中興湖的噴泉、野石、天鵝、鴛鴦、魚兒、荷花依舊。
日安，揮一揮手，再別盛夏微曦。

二〇〇五、八、二晨作於居之安齋

望日懷遠

羈鳥戀舊林，
池魚思故淵，
落葉歸根，
望日懷遠。
母親近在咫尺，
卻遠在天邊，
子欲養而親不在，
母親尚健在，
身體安康，生活也過得很好，
但是，我卻無法再親近她。
昔日住在忠仁街老家，
母女相依的情景，

依稀難忘，
然而如今卻遠如隔海對望。
連對望，通一通電話，
彼此問候寒暄都被阻隔，
人生無常，
變化無窮，
沒想到住在樓上的母親，
我卻無法再承歡膝下，
只有默默地獻上無盡的祝福。
希望她老人家福壽綿長，
真的生活得很愜意，
天意如此，夫復何言？
只有望日懷遠。
懷念昔日母女相親相伴，相隨相關照的甜蜜時光。
但是，我不會怨，也不會恨，五十而知天命，
六十而耳順，有什麼不能順應的？

我要活得健康、自在、快樂，
造福人群，活出我自己，
不再被私情私愛所羈絆，
真的是也無風雨也無晴，
日安，太陽。

二〇〇五、八、三晨作於居之安齋

夏日風光

／

太陽像一團亮光，照射人們，
夏日風光，一片素雅淡妝。
天地默默無言，
行人也無言的漫步。
麻雀在青草地上低飛盤桓，
沒有艷麗的花朵，
雪白的瑪格麗特零落稀疏綻放，
一旁不知名的小白花在綠叢中，
像螢火蟲點點，
夏日風光，一片素雅。

2

樹木稀疏，綠葉依然覆蓋行人道，
為人們蔽蔭、遮陽，
盆竹不堪溽暑的曝曬已經焦黃，
只有蜻蜓依然款款飛，
卻沒有穿花蝴蝶深深現，
蟬聲依舊高唱，
憑添暑熱，噴泉也褪不去這一層熾熱，
夏日風光，一片素淡。

3

例外的是黃邊橙紅的鳳凰花盛開，
為夏日憑添一份繽紛的色彩，
由春天一直開放到盛夏的雪白梔子花也開放。
幸好還有一叢紫色的花盛放，

伴著有點凋萎的黃色爬藤花，
校園的夏日風光比起綠園道，
更加多彩。
但是比起明媚的春光，
夏日風光依然素淡。

二〇〇五、八、三晨散步後作於居之安齋

患難見眞情

天還很暗，我已經睡醒，
打開紗門，走上陽臺，對大地長嘯。
日安，清晨，
大地一片靜謐，
只有街燈與遠方的屋燈依稀。
想為社會、系上獻一份心力，
籌款辦文化事業、學術研討會，
因此斗膽，不怕中傷、嫉妒或惡意的批評，
在學校的藝術中心籌辦書法個展。
很高興的告訴四十年的同窗好友（我一直把他視為好同學），
沒想到換來的是一陣奚落和中傷，
要我去向收藏家推銷自己，

我一面應對他，一面心理很難過，
只是嫉妒，四十年的同窗之誼就可以不顧。
社會的現實真叫人寒心，
真是不到患難，不見真情。
我要去上海研修、旅遊，
得到許多支持和幫助在籌辦中，
我真的很感謝這些可以熱心幫助我的朋友。
當然人生很長，我不知道往後，我們會再遭遇什麼？
但是，我不怕像大海中的老人，
向人生的大海洋，向我要捕穫的大鯊魚挑戰。
就是沒有有形的收穫，
但是我們也向人生做過一番努力和奮鬥。
日安，清晨，
向天地保證，
我的心很平靜，很寧謐，很堅強，很勇敢，
我依然快樂、健康，明朗的活下去。

患難見真情，
這是我向社會又學到的一課。

二〇〇五、八、四晨作於居之安齋

微雨的清晨

出門步向綠園道，
微雨，
綠園道沒有行人，
只有一個人沒有撐傘，勇敢地向前走。
我打起傘，聽雨聲，
看灰濛濛的天空，
有濃雲幾朵。
蜻蜓依然在天空翱翔，
偶而有幾聲鳥鳴啁啾，
天地一片靜謐，
微雨。
但微雨的清晨，

也別有一番韻緻。

自注：為了有遠行，怕溼了鞋子，只漫步綠園道一圈。

二○○五、八、四晨作於居之安齋

颱風過後

颱風來襲，
風雨交加。
忘了關窗户，
風兒把花盆都吹翻了。
幸無大礙。
雨停了，出外漫步，
風依然狂號。
撐起傘漫步綠園道，
樹木沒有被颱風攔腰折斷，
依然青翠挺拔。
青青草地一片綠油油，
只是充滿雨水。

麻雀也依然在草地上跳躍低飛，
更有數隻飛上電線桿，
停在那像五線譜，
譜一首大自然無言的樂章。
雨下了，狂風肆虐，
颱風還沒過，
趕快打道回府。
日安，颱風，
請您不要給我們帶來更大的天災。

二〇〇五、八、五晨作於居之安齋

天朗氣清

1

天朗氣清，
晴空萬里，
是踏青的好日子，
聽小鳥啁啾，
看流水潺潺，
溪外行人渺。

2

天朗氣清，
晴空萬里，

是踏青的好日子，
看鴻雁翱翔，
聞噴鼻的花草香，
踏落葉沙沙作響。

3

天朗氣清，
晴空萬里，
是踏青的好日子，
有小橋流水人家，
有池魚悠游自在，
有鴛鴦戲水無羞，
江流天地外，
山色有無中，
日安，郊遊。

二〇〇五、八、六子夜作於居之安齋

迎接清晨第一道曙光

連日風雨交加，
步出户外，
迎接清晨第一道曙光。
藍藍的天廣袤無垠，
白雲朵朵，
藍天，
白雲，
大地顯得靜謐、和平、安適。
樹葉帶著雨水，它們沒有被風雨折腰，
反而顯得更茁壯、青蔥、蓊翳。
迎接微曦，
群鳥在天空中自由自在的飛翔，

雁兒也展翅飛向遠天，
蜻蜓在身邊、四周飛，
這個滋味，也只有在風雨後才能享受。
溪水潺潺！
偶然有幾聲蛙鳴唱和，
隕落的竹葉也再現生機，一派青翠、挺拔。
迎接清晨的第一道曙光，
我大步走向校園，
校園靜靜的，人煙稀少，
青山我獨行，
真的只有蜻蜓相伴相隨。
微曦由樹間閃爍，
偶而有鵝吟狗吠，
突然微曦化為陽光，
熱情澎湃。
我歌頌太陽，

在雨水過後，給我們帶來一片清新的空氣。
迎接清晨第一道曙光，
我帶著陽光，
荷傘歸來。

二〇〇五、八、七清晨作於居之安齋

黃昏

黃昏，
室內靜悄悄，
窗外，
藍天為底，灰雲與白雲相間，鋪天蓋地，
遠山大廈與層樓之間展現。
行人依稀，
車輛穿梭不息，
沒有落日，
沒有晚霞，
只有灰雲間的白光乍現。
斜躺貴妃椅，
看大雁振翼翱翔，

群鳥追逐而去，
涼風習習，
綠園道樹木蓊翳碧綠。
青青一片，
碧草如茵的青草地，
雜草已經被修剪得很乾淨。
我坐上書桌振筆而書，
享受黃昏的安謐寧馨。
雖然灰雲一大片一大片，
但天光顯現，
白雲朵朵象徵心靈的明淨。
日安，黃昏日落，
青翠的大王椰，
挺拔、聳立、不屈，
遠處有炊煙裊裊，
替遠山添上一線夢幻的美感。

日安，黃昏。

二〇〇五、八、七黃昏作於居之安齋

迷濛的清晨

1

推開門走到陽台，
看天地一片迷濛，
蓊翳的樹林彷佛罩著一層霧，
又是嶄新的一天的開始，
户外小鳥啁啾，
心靈一片清新、寧靜。

2

轉瞬間，
天朗氣清，

太陽已經高高的昇起，
我心似陽光，
充滿光明和希望。

3

漫步綠園道，
心境一片平和，
小鳥在天空自由自在的飛翔，
蜻蜓款款飛，
打太極拳的人們安詳的動作，
像我的心一片寧馨、安適，
日安，迷濛的清晨。

二〇〇五、八、十二晨作於居之安齋

可愛的清晨

台灣台中南區建成路的清晨，
是非常可愛的。
遠處燈火點點，
近處一片靜謐，
偶而有車聲劃過，
天暗下來，燈火全熄滅，
綠園道有行人匆匆漫步。
窗外傳來幾聲狗吠，
天微紅，天將要亮了，
大地一片靜謐，
青空萬里。
窗外小鳥啁啾，

開啓一天可愛的清晨。
我聽著南胡與笛子的樂音，
思索如何發揚中華文化，
如何建設台灣為一個美麗、富強、民主化、自由而又有法治的國家，
吸取彼岸的精髓，化成我們的中華文化。
人民可以學氣功、學太極拳、學南胡、學古琴、學琵琶，
中文系的教授師生可以大量閱覽大陸學者的作品，
但要汰粕存精，化為我們的中華文化。
民間可以組織詩社成立漢詩，發揚古典文化，
但是台灣有台灣的自然景觀、風土民情。
畫家要畫我台灣，音樂家要創作明朗、活潑，充滿希望的台灣歌謠，
因為台灣人是自己的主人，不再悲情，不再悲愁。
提昇台灣人的文化素養，成為高貴、有氣質，有人文素養的台灣人，

這才是我要努力的中華文化與台灣文化。
可愛的清晨，
給我一個新的啓示，
我在我的故鄉台灣，盡我棉薄之力，為台灣努力。

二〇〇五、八、十四晨作於居之安齋

晨起(Ⅲ)

早起，看天空一輪明月，
十六的月圓之夜，
月光何灼灼，
觀月就想到古人千里寄情。
月華如水，月光依舊，
我只想到蘇軾的水調歌頭：但願人長久，千里共嬋娟。
忽然天整個暗下來，烏雲把月亮遮住，
不再有月光，
微曦已降，
遠處傳來幾聲狗吠。

2

小鳥啁啾，
麻雀在地上啄食，
天還沒亮，遠天有一線朝霞。
群雁向遠天飛去。
斑鳩停立在電線桿俯瞰大地，傲視群倫，
笑人間為了一己之私，
不懂得民胞物與，天地與我為一。
天地一片靜謐，
綠園道行人依稀，
我在綠園道，這是我生活、住家、運動、休憩的地方。

3

天亮了，天空高敞而遼闊，
遠山如黛，

朝霞如畫，
市街偶而有車聲劃過。
狗吠深巷中，
麻雀在地上低迴，
在天空翱翔，
不停振動的羽翼，
顯現它心中的喜悅和快樂，
日安，朝霞，晨起的感受是寧馨美好的。
二〇〇五、八、二十一晨作於居之安齋

午後

1

涼風習習，
樹葉浮動，
晴空萬里，
四圍大廈中有我。
浮雲靄靄，
小孩打棒球嬉戲，
綠園道是生活和住家的好地方。

2

涼風習習，

樹枝拂動，
晴空萬里，
四圍大廈中有我。
太陽露出一道白光，和煦、溫熱，
小孩與狗兒追逐遊戲，
綠園道是生活和住家的好地方。

3

涼風習習，
樹葉浮動，
人們坐在涼椅休憩，
大地一片溫馨，靜謐。
麻雀在地上啄食，在天空飛翔，
年輕夫婦帶狗出來漫步，
綠園道是生活和住家的好地方。

二〇〇五、八、十八午後五時半作於居之安齋

清晨

藍天釀著白雲旁邊灰雲陪襯，
天空非常美麗。
麻雀棲息在電線桿，
洗啄刷羽，
偶而飛向天空。
太陽沒有露臉，
只現出一道白光為清晨添上和煦。
涼風陣陣，
是盛夏，但沒有暑氣，
大地一片碧綠，
樹木青蔥蓊翳，
清新挺拔，直上雲霄，不畏懼。

天地一片靜謐安適，
小鳥在地上啄食，
狗兒相互追逐，
遠天一片寧馨。
有一群人在打太極拳，
蜻蜓款款飛，
天地一片遼闊、安逸，
群雁在天空自由自在的飛翔，
綠園道是住家、生活、運動、休憩的好地方。

二〇〇五、八、十九晨作於居之安齋

晨起

遠方點點燈火輝煌，
天非常暗，還沒亮，
大地一片靜謐，
俯瞰天地，一覽眾宇小，
相看兩不厭，是對面的五權天下。
天漸漸亮了，
下樓漫步綠園道，
行人匆匆，
狗吠深巷中，
雀鳴棲樹巔，
群鳥在天空中自由自在的飛翔。
由於昨夜睡不好，

吸納樹香草香以恢復疲累的身軀，
力圖振作。
天也陰暗，不似盛夏，似早春，
沒有暑熱，
我只想休憩一下，
盼晚上能夜夜睡個好覺，
日安，晨起。

二〇〇五、八、二十晨作於居之安齋

聽朱宗慶打擊樂器演奏台灣民謠

一向喜愛聽國樂和西洋古典，
很少聽台灣歌曲，因為覺得台灣歌曲不是悲情就是翻唱日本歌
謠，
沒有格調，
今天坐計程車回來，聽到正宗的台語教學，
興起我打開收音機的興緻。
一開我就找到演奏台灣民謠的朱宗慶打擊樂器的演奏。
細細的聽，細細的分析，
演奏的樂器與國樂幾乎相同，
不同的是演奏的歌曲——是台灣民謠，
樂音節奏活潑，音韻鏗鏘，民謠動聽有感情，
聽了，才了解聽國樂總是隔了一層，止於欣賞，

聽民謠的演奏，首首扣人心弦，生動異常，
只可惜台灣民謠比起國樂樂曲曲目終是太少，
雖然一聽再聽，百聽不厭，
足足聽了二小時。
但是，倘若台灣的音樂家能另譜新曲，新詞，
表現現代台灣人的情懷和精神，
那該有多好！

二〇〇五、八、二十午後六時半作於居之安齋

太陽出來了

經過幾日淫雨，
太陽出來了。
晴空萬里，
天極美，藍天白雲一片遼闊無垠，
大地也一片碧綠蓊翳。
如果沒有陽光、空氣和雨水，
萬物又怎能生生不息？
陽光很熱，帶來盛夏的氣息。
心比一切都重要，
眼睛觀察自然宇宙，
心體現大自然的活力，消長和美感，
有心行善比無心為惡更勝。

太陽又隱匿了，
大概要還給天地一片溫暖、和煦。
暖風微微吹，
天地沁涼，
太陽又出來了，照射著大地的萬物與人類。
太陽忽隱忽現，
然而，也無風雨也無晴。
蟬聲再起，
盛夏來臨，
日安，太陽，
讓我們共渡一夏，
充滿和樂、平安，和幸福。
日安，太陽，
我歌頌陽光、空氣和雨水。

二〇〇五、八、二十二晨作於居之安齋

有月亮的清晨

清晨五點月亮高高掛在天空，
月華如水，
潔白、溫柔、光亮，
天地一片靜謐，
綠園道沒有人煙。
五點半月亮還在，
但是已被烏雲遮蔽住了。
天地依然一片靜謐，
狗吠深港中，
窗外小鳥啁啾，

綠園道只有一個人踽踽而行，
這是一天美好的開始。

2

出外漫步綠園道，
行人很多，
月亮還在，月華如水，
與白雲相呼應，
彷彿告訴我，她要關懷人間，
微風習習，
泌涼，
有月亮的清晨真舒服，
日安，清晨。

3

抬頭看月亮對我微笑，

彷彿在鼓勵我，
人間有愛，
不要氣餒，
涼風習習，
沁涼，
有月亮的清晨，
感覺真恬靜，寧謐、美好，
對未來充滿希望，
日安，清晨。

二〇〇五、八、二十三晨作於居之安齋

偶成

1

住在城市，
卻有鄉野的樂趣，
一起早就聽到狗吠不已，
麻雀也停在陽臺啄食、洗羽、跳躍。
遠處屋宇依稀，
近景大廈林立，
樹木青蔥蓊鬱，
在城市的空間，
帶給人一片清新的綠意。

2

蘆葦雪白的花爬出牆頭，
小鳥啁啾，
蟬聲鳴唱，
天一片灰，然而很遼闊。
大地一片碧綠，
有大樹露根躺在草地上，
原來是要植樹。
涼風徐徐，
上下左右四方都有蓊翳的樹蔭，
火紅的鳳凰花依然綻放，
城市裏的鄉野，
帶給人們無上的樂趣與希望。

3

蜻蜓在我四周飛翔，
這種野趣住在城市的人，

怎麼享受得到。
微風徐徐，
天已經亮了，
沒有太陽，
但是晨光銀白雪亮，
在天空顯現，
天恢復藍天白雲一片。
晴空萬里，
城市裡的鄉野，
空氣異常新鮮。
有母親推小孩出來漫步，
有夫婦帶著群狗在四周走來走去，
住在城市，
卻能享受到鄉野的樂趣。

二〇〇五、八、二十四清晨作於居之安齋

與母親相依相伴的日子已經不再

與母親相依相伴的日子已經不再，
雖然住在上下樓，
曾經試著上樓與母親相伴，
同居共息，
但是由於和母親共住的人的惡意干擾和中傷，
咫尺天涯，我不能再與母親相依相伴。
只有趁與母親同居者不在，才敢打電話給菲傭，
接母親下來綠園道散步。
攜著母親的手，
慢慢的走，
走在黃昏時分，走在日落餘暉下。
太陽已化成一團大紅的圓球，

多麼溫馨、多麼有情。
二十年來以前住在忠仁街與母親同眠共食，同進同出，
那時的溫馨與溫情，依然存在心中，
對母親的感念依然，
然而與母親相依相伴的日子已經不再。
能與母親攜手漫步在綠園道，
這一份溫馨，這一份溫情，
我十分珍惜。
日子過得這麼艱難，
什麼時候再能與母親相依相伴，
我想只有天知道。
愛惜自我，祝福母親，珍惜當下。
我住在建成路，日子過得很愉快，建成路是我的家，
我居住、工作、休憩的甜蜜的家，
來訪我吧，七樓之三，別弄錯了。

二〇〇五、八、二十四黃昏作於居之安齋

乙酉孟夏暴雨

1

雷聲轟轟驟響，
閃電在天空四竄，
暴雨突然而來，
嘩啦啦！給人們意外驚異。
天地一片黑暗，
行人依稀，
偶而有車聲劃過。

2

雷聲如宏鐘不停響起，

閃電也不甘示弱，不斷劃過夜空，
人們躲在家裡。
外面暴雨傾盆，
天地一片昏暗，
沒天沒日，
只有鋪天蓋地的驟雨。

3

天光亮了，天地一片粉紅，
大氣帶點迷濛的霧氣，
驟雨、雷聲交互不停地響，不停地下，
玻璃卻蒙上一片霧水，
真是奇妙特異的景緻。

二〇〇五、八、二十五清晨作於居之安齋

和煦的早晨

連日幾天的風、雨，
又見風和日麗，
心上是無限的欣喜。
風兒徐徐吹，
鳥兒叫，
蛙聲鳴，
青空萬里，
綠葉蔽蔭，
青青草地，
大地充滿溫馨。
太陽已經高高升起，
給天氣帶來暑氣。

帶上草帽，
漫步綠園道，
和煦的早晨，
心上無限歡愉。
您瞧，樹與樹之間，
蜻蜓圍繞四周，
款款而飛，
彷彿告訴人們，
我心中的喜悅。

二〇〇五、八、二十六晨作於居之安齋

微涼

空氣微涼，
綠草地上有新植的樹桿光禿禿的，
我們希望不久的將來它們都能發芽吐蕾。
樹木一片蓊翳，
空氣清涼而新鮮。
太陽已經升起，
在大廈與大廈之間。
像一輪火球，橙紅溫熱。
天氣微涼，
綠園道的行人親切的微笑打招呼。
黃金獵犬碩大壯實，
真個是雄姿英發。

小鳥啁啾四鳴，
斑鳩對對飛過長空，
停在電線桿上脈脈啼視，
這是個風和日麗、清空萬里的好天氣。
天氣不熱，微涼，
漫步綠園道，真舒暢，
真是萬物靜觀皆自得，
我與天地宇宙同在，
微涼，
你可曾享受？

二〇〇五、八、二十七晨九時作於居之安齋

冷冷

1

冷冷，
是事實，
心靈的悸動。

2

冷冷，
看現實，
庸庸碌碌的人，
為了名利，
互相殘害。

3

冷冷，
是心靈的，
絕望。

二〇〇五、八、二十九晨作於居之安齋

超脫

1

脫出現實的枷鎖，
活出自我，
開朗、活潑、快樂。

2

超脫一切心靈的羈絆，
活出自我，
堅強、勇敢、無懼。

3

超脫人間的冷暖與虛假，
活出自我，
與宇宙並生，與天地同在。

二〇〇五、八、二十九晨再作於居之安齋

迎向陽光（Ⅱ）

1

太陽高高升起，
陽光普照大地，
照著我舒緩的體操運動。
面對陽光，
內心無上欣喜，
迎向陽光，
我心中充滿光明和希望。

2

太陽高掛天空，

麻雀鄉上成群飛翔啄食，
蜻蜓圍著樹叢款款飛，
喜鵲也高聲歡唱，
迎向陽光，
大地充滿蓬勃的生氣。

3

太陽普照大地，
大地一片清新和溫熱，
陽光、空氣和水，
是人類生生不息的資源，
迎向陽光，
在清新的空氣下茁壯、不屈。

二〇〇五、八、二十九晨漫步後作於居之安齋

暗淡的清晨

強颱來襲，
户外一片灰濛濛，
沒有溫煦的微曦，
也沒有藍天白雲。
天一片灰暗，
廣袤無垠。
幸好有斑鳩繞樹而飛，
小鳥在青草上啄食，
成群的在天空中自由的翱翔，
為大地憑添生氣與動感。
蓊翳的樹林也在飄搖中綻放青綠，
綠色的大地，生生不息。

太陽彷彿也受到感動，
終於也露出臉來，
放射一道銀色的白光。
暗淡的清晨，
終於大放光明，
又是一個晴空萬里、風和日麗的好天氣，
日安，清晨。

二〇〇五、八、三十一晨作於居之安齋

颶颱過後

颶颱來襲，
狂風怒號，
鬼哭神泣，
北風呼呼響，
人們都關緊門窗，
躲在屋裏。
颶颱過後，
風平雨霽，
大地一片新綠，
樹葉帶點雨珠，
天亮了，
無風無雨也無晴，

天地一片祥和、寧謦。
沒有經過風雨的摧折，
不知道風和日麗，平和安寧的可貴，
颶颱過後，
我們希望大家能珍惜我們的家園，
貢獻個人一己之力，
使我們的家園更茁壯、更美麗，更適合人居住。
窗外小鳥啁啾，
彷彿在歡唱和平之歌。

二〇〇五、九、一晨作於居之安齋

心

人心是善？是惡？
存於一心，
心念純正，所行所為必善。
心是奇妙的，它可以隨心所欲，
早起看到晴空白雲，心就喜悅，
晚上受到干擾，心就煩憂。
但沒關係，你高聲歡唱，
心也就澄明，喜悅了。
心是萬物之靈的根，
根爛了，樹就枯萎了，
心正了，人就舒坦，光明磊落。
我寶愛我的心，我呵護我的心，

使它永遠光明、不懼，充滿希望。
形骸是外在的，然而心是永遠圓融無缺的。
心不會壞，心壞了，人也不能稱之為人。
早起想到心，心意格外明淨舒暢，
曾子說吾日三省吾身，不僅要省身，最重要的要修心。
有一顆純正的赤子之心，比什麼都重要，
因為它是人之至寶。
日安，清晨，像颶颱過後的晴空，
我心光明，如陽光普照大地。

二〇〇五、九、二晨作於居之安齋

無題

颶颱過後，
綠園道滿目瘡夷，
樹木連根拔起，
枝枒與落葉零落滿地。
我改變作息，晚起，
吃過早餐後再下來漫步，
太陽已高高升起，
炙熱的光照射人間大地。
幸好有涼風徐徐，
這是嶄新的一天，
心中充滿歡快和希望。
蛙鳴、鳥叫、蟬唱、狗吠，

還有鷓鴣相互酬唱，
聲音格外特別，
彷佛在慶祝，
這特別的一天。

二〇〇五、九、二漫步後作於居之安齋

無　題

連日淫雨綿綿，
颶風刮刮作響，
在書房伏案著述，
真是個山中無日曆。
今晨出外漫步，
藍天一片遼闊，
白雲點點，
晴空萬里，
太陽發出耀眼的光芒，
照射大地。
新栽的老樹，
一棵棵都甦活了，

枝葉挺秀、青翠、蒼鬱，
充滿活活潑潑的生命力。
人當和樹木一樣充滿生機，
只要有清新的空氣，清澈的活泉，和煦的陽光，
就是人居住、生長、滋衍的好住居。
尤加利樹青翠、挺拔、直衝雲霄，
老榕樹的樹根茂密地垂垂而下。
人當和大樹一樣生生不息，充滿生命，
不畏環境的折壓。
而我要像晴空中的鳥兒，
自由自在地在天地間翱翔。

二〇〇五、九、三晨作於居之安齋

夜空

1

夜空一片幽暗，
沒有陽光，
沒有希望，
遠處燈火依稀，
近景街燈昏黃，
只有偶而的車聲劃過。

2

夜空一片幽暗，
天地陰沉沉地，

偶而有行人騎著單車踽踽而行，
他賣力的精神，
令人敬服。

3

夜空一片幽暗，
青翠蓊翳的樹林，
看也看不清，
街燈下狗兒四處游蕩，
早起的一對夫婦，
走過街道。

4

夜空真的很黑暗，
鳥兒依然在地上低飛飛翔，
但我們希望天快一點亮，

這是黎明前曙光乍現的前兆。
沒有黑暗就襯托不出太陽的可愛，
夜空去吧！我不帶走一片烏雲。

二〇〇五、八、二十七晨五時作於居之安齋

夜　幕

1

夜暮低垂，
天空一片靜默。
沒有星星，
也沒有月亮。
只有遠處閃爍的燈光，
和街上的霓虹燈，
以及昏黃的街燈。

2

夜暮低沉，

萬家燈火。
人們逗留在家裡，
享受天倫之樂。
在晚上運動的人，
也一個個漫步歸來。

3

夜暮低垂，
我獨倚斜欄。
沈思，
瞻矚寂靜的夜空。
欲問蒼天，
無語。

4

夜已低垂，

是休憩的時間。
日安：夜幕。

二〇〇五、九、四入夜時分作於居之安齋

沒有陽光的清晨

今天天氣很悶，
天空一片灰雲無垠，
是個沒有陽光的清晨。
大地一片灰濛濛，
綠樹青草因為缺乏陽光的照顧，
減少光輝的生意，
樹葉顯得萎縮蕭瑟，
令人以為寒冬到了。
沒有陽光，
小鳥的鳴叫也顯得零亂無神。
綠園道的對岸停了許多遊覽車，
遊覽車的司機群聚一起，

打破了綠園道的寧馨。
早起散步的人兒也稀疏了，
看來美好的環境，
就像沒有陽光的清晨，
被人為與自然打壞了。
沒有陽光的清晨，
我依然堅持在天地宇宙之間，
漫步、運動、作息。
人當克服環境，
運用其剩有的資源，
使我們依然活得虎虎有生氣。
太陽最後終於露臉了，
用一道白光照亮世界。

二〇〇五、九、七晨作於居之安齋

黃昏漫步

黃昏陪媽媽在綠園道漫步，
現在只有陪弟弟或我自己帶媽媽出門吃飯，
與陪媽媽在黃昏時漫步，
才能與媽媽在一起。
媽媽年事已高，帶她吃飯使她飯口開，身體健，
漫步使她腿力健，不至老化太快。
黃昏漫步，
微風徐徐，
漫步的人們也親切的招呼、微笑。
落日像一輪紅紅的火球，
在灰色的長空中餘暉蕩漾，
江河落日圓的美感，

比李義山的夕陽無限好，只是近黃昏，
令人振作。
天漸漸暗了，
夜也將沉！
黃昏漫步，我們也將回家休憩，
這又是一個愉快而有意思的一天。
祝福母親萬壽無疆，
過得愉快又健康，
日安：黃昏！

二〇〇五、九、七黃昏漫步於居之安齋

國家圖書館出版品預行編目資料

洋桔梗的親情 / 戴麗珠著. -- 初版. - 臺北市：文史哲, 民 94
面 ： 公分. --（文史哲詩叢；68）
ISBN 957-549-627-2 (平裝)

851.486 94021008

文史哲詩叢 68

洋桔梗的親情

著 者：戴 麗 珠
出版者：文 史 哲 出 版 社
http://www.lapen.com.tw
登記證字號：行政院新聞局版臺業字五三三七號
發行人：彭 正 雄
發行所：文 史 哲 出 版 社
印刷者：文 史 哲 出 版 社
臺北市羅斯福路一段七十二巷四號
郵政劃撥帳號：一六一八〇一七五
電話886-2-23511028 · 傳真886-2-23965656
實價新臺幣 二八〇元
中華民國九十四年（2005）十一月初版

ISBN 957-549-627-2